Serenata para el mar

por Marisa Gast
ilustrado por Chris Demarest

Scott Foresman

Editorial Offices: Glenview, Illinois • New York, New York
Sales Offices: Reading, Massachusetts • Duluth, Georgia
Glenview, Illinois • Carrollton, Texas • Menlo Park, California

Manolo y Tito son buenos amigos.
Siempre están juntos.

Su lugar favorito es la playa.

Manolo encuentra una flauta.
Manolo la guarda en la bolsa.

Tito encuentra unos platillos.
Tito los guarda en la bolsa.

Manolo y Tito siguen caminando.

Los amigos ven un piano.
Manolo no lo guarda en la bolsa.

—Tengo una idea —dijo Tito—.
Debe haber amigos cerca.
Vamos a tocar música.

Los dos buscan amigos.
Tito cuenta su idea.

Tito se pone el sombrero.
Entonces se para en una mesa.

10

Manolo habla con la foca.
Manolo habla con el pingüino.

Tito tiene un palito.
Manolo se sienta al piano.

Tito usa el palito.
¡Cuánto practican!

El viento se lleva la música.

Los animales oyen la música.
El mar está contento.

¡Es una serenata para el mar!